DIE SCHÖNSTEN ERZÄHLIDEEN

für Krippenkinder

Impressum

ISBN: 978-3-96046-252-1

Praxisideen für die Krippe
Die schönsten Erzählideen für Krippenkinder

Redaktion: Myriam Bork
Autorin: Sabrina Djogo
Gestaltung und Satz: DOPPELPUNKT, Stuttgart
Druck: Grafik Media Produktionsmanagement, Köln

Klett Kita GmbH
Rotebühlstr. 77
70178 Stuttgart
www.klett-kita.de

Bildnachweis

GettyImages.de
S. 4, 8, 73, 75: Color_life | S. 6: twomeows | S. 9, 22: Alina Mosinyan | S. 10: fhm | S. 12: moonery | S. 13: Everste, Wirestock | S. 14: Lexi Claus, djvstock | S. 15: Ali Majdfar | S. 16, 17: Tetiana Lazunova | S. 18: Ekaterina Bedoeva | S. 19: PCH-Vector | S. 20: LSOphoto | S. 23: Naddiya, Andrea Kamal | S. 24: Guido Mieth | S. 26: rilora | S. 27: Rudzhan Nagiev | S. 28: KanKhem | S. 29: eliflamra | S. 30: Pavel Naumov, PrettyVectors | S. 32: Pavol Klimek | S. 32, 33: Olga Kurbatova | S. 33: Sudowoodo | S. 34: Lisa Lebedeva | S. 35: ArtMarie | S. 37: iuliia_n, mayalis | S. 38: Yulia Melnyk, FARBAI | S. 39: Augustas Cetkauskas, NIKILAY GLUHOV | S. 41, 48, 70: Zhe_Vasylieva | S. 41: PPAMPicture | S. 42: Ambria Michelle | S. 44: Irina Gubanova | S. 45: valeniker, Ekaterina Vakhrameeva | S. 46: bereta, Paolino Massimiliano Manuel | S. 48: Alvarez | S. 49: Halfpoint Images, Evan Kissner / Evan's Studio | S. 50: ClaMari, Denis83 | S. 51: MajaMitrovic | S. 52: yelet | S. 53: AlonzoDesign, Otto Barotto | S. 54: avean | S. 55: Анастасия Бойко | S. 56: DamianKuzdak | S. 57: Vincent Balsamo | S. 58: Kristina Rudkevica | S. 59: Liubov Khutter-Kukkonin | S. 61: nataka, a_Taiga | S. 62: Alter_photo | S. 64: Hanna Perelygina | S. 65, 67: Tatiana Kashirskaia | S. 66: Oqvector | S. 67: teddyandmia | S. 68: CHIU WEN-LING | S. 69: Flavia Morlachetti | S. 71: Elena Kurkutova | S. 72: sabelskaya, FotografieLink | S. 74: IRYNA KAZLOVA | S. 76: Natthawat | S. 77: Anna Drozdova | S. 79: Hannah Bichay

Cover: Gettyimages.de/olesiabilkei

INHALT

Kapitel 3: Herbst

Kapitel 4: Winter

LIEBE LESER:INNEN,

wissen Sie, was eine gewöhnliche Geschenktüte, ein Erzähltheater, ein Karton, eine Handtasche und der Teppich auf dem Boden gemeinsam haben? Richtig – sie alle kommen als Bühne für unser darstellendes Erzählen in Frage und wecken mit viel Fantasie die Aufmerksamkeit der Kleinkinder.

Sprache und Sprachmelodie spielen in der kindlichen Entwicklung eine große Rolle. Beim darstellenden Erzählen werden visuelle Reize gesetzt, die durch das Spielen von Figuren und dem zusätzlichen Einsetzen von Melodie, Bewegung, Rhythmus oder verschiedenen Düften ergänzt werden können. Die Kinder erleben die unterschiedlichen Geschichten mit verschiedenen Sinnen – das fördert die geistige und körperliche Entwicklung sowie das Hörverständnis und bildet eine wunderbare Grundlage, um den Wortschatz kreativ im Alltag zu erweitern.

In diesem Buch finden Sie – passend zu jeder Jahreszeit – Geschichten zum Zuhören und Mitmachen, Klanggeschichten und -gedichte, Bewegungsreime und noch vieles mehr! Für jede Geschichte gibt es Materialvorschläge, eine Anleitung und einige extra Tipps, die für viel Spaß und Abwechslung beim Erzählen sorgen.

Genießen Sie die Freude und den Spaß am Erzählen, stellen Sie bei Gelegenheit Impulsfragen zu den Texten oder lassen Sie die Kinder von ihren Erlebnissen erzählen.

Viel Freude dabei wünscht Ihnen
Ihre
Sabrina Djogo

Sabrina Djogo

- Sprachentwicklungsexpertin
- Ausgebildete Märchenerzählerin
- Pädagogin der frühen Kindheit
- Entspannungspädagogin
- Kursleitung Literaturangebote U3

Frühling

DAS KLEINE HÄSCHEN MÖCHTE GRÖSSER SEIN

Eine zauberhafte Geschichte

Alter: ab 1,5 Jahren

Schaut nur, das Häschen ist klitzeklein!
Es möchte gerne größer sein.
Es hüpft auf und nieder,
immer wieder, immer wieder.

„Niemand kann mich im hohen Gras sehen
und bleibt zum Hallosagen stehen.
Drum möchte ich gern größer sein
und hüpfe in das Zaubersäckchen rein!"

Das Säckchen, das rappelt und zappelt und hört plötzlich auf.
Und schon kommt ein großer stattlicher Hase heraus.
Er hüpft wie eben auf und nieder,
immer wieder, immer wieder.
Wir sagen alle: „Hallo, Herr Hase, wir können dich seh'n,
werden nie mehr einfach an dir vorbeigehen!"

MATERIAL

2 gleiche Hasenfiguren
in zwei Größen,
1 Erzählsäckchen

Und so geht's:

Verstecken Sie die größere der beiden Hasenfiguren im Erzählsäckchen, während Sie mit der kleineren Figur die Zaubergeschichte beginnen und sie entsprechend des Textes bewegen. Im Laufe der Geschichte wandert die kleine Hasenfigur in das Säckchen, welches Sie daraufhin rütteln und schütteln. Nach dem Zauber holen Sie die große Hasenfigur aus dem Erzählsäckchen und spielen mit ihr den Rest der Geschichte nach.

UNSER FRÜHLINGSSTRAUSS

Eine blumige Klanggeschichte

Alter: ab 1,5 Jahren

MATERIAL

Klangstäbe, Rasseln

Wir pflücken einen Frühlingsstrauß.
Die Klangstäbe anschlagen.

Mit gelben Narzissen,
Rasseln.

mit roten Tulpen,
Rasseln.

mit violetten Krokussen
Rasseln.

und weißen Schneeglöckchen.
Rasseln.

Fertig ist der schöne Strauß
und die Geschichte ist nun aus.
Beide Instrumente gleichzeitig spielen.

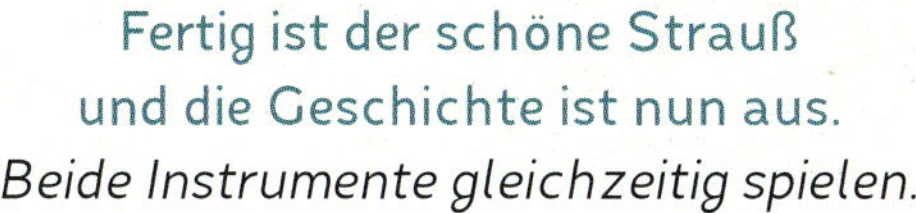

Tipp

Legen Sie entsprechende Bildkarten in die Kreismitte, sodass die Kinder die Blumen sehen können.

WIR ERNTEN DEN SPARGEL!

Alter: ab 2 Jahren

Eine lustige Mitmachgeschichte

Im späten Frühling ist es so weit,
endlich beginnt die Spargelzeit!

Überall aus den Erdenspitzen
siehst du weiße oder grüne Stangen aufblitzen.

Ein wenig graben und vorsichtig stechen,
bis die Spargelstangen brechen.

Dann legen wir sie behutsam ins Körbchen hinein,
denn sie werden unser Mittagessen sein.

MATERIAL

1 Karton, brauner Stoff, Klebstoff, 1 Schere, Spargel, Spargelstecher, Maurerkelle, 1 Körbchen

Und so geht's:

Bekleben Sie einen Karton mit braunem Filz oder Stoff und formen Sie einen sichtbaren Erddamm auf der Oberseite. Schneiden Sie einen Schlitz hinein, sodass Sie den Spargel von unten durch den Karton hochschieben können. Für die Kinder sieht es nachher so aus, als ob der Spargel langsam wächst und aus dem Erddamm (mit der Maurerkelle immer in Form streichen) herauskommt. Anschließend wird er vorsichtig mit einem Spargelstecher (oder einem Löffel) geerntet und in einem Korb gesammelt.

DIE TANZENDEN SCHMETTERLINGE

Ein frühlingshaftes Gedicht

Alter: ab 1,5 Jahren

Als die warme Sonne lacht,
sind die Schmetterlinge aufgewacht.

Sie strecken ihre Flügel aus
und fliegen auf die Blumenwiese hinaus.

Zu allererst wollen sie was trinken,
lassen sich zum Nektar auf die Blume
sinken.

Anschließend flattern beide zugleich
für eine Pause zum nächsten Teich.

Sie fliegen hin und fliegen her,
denn das gefällt den beiden sehr.

Sie fliegen rauf und sie fliegen runter,
das macht kleine Schmetterlinge munter.

Man sieht sie auch tanzend im Kreise,
dabei sind ihre Flügel ganz leise.

Nach so viel Flattern beschließen sie nun,
sich in der warmen Sonne auszuruh'n.

Drum fliegen sie zum allergrößten Blatt,
jetzt sind sie aber müd und matt.

Sie liegen und schlummern ein,
du hörst sie schnarchen im Mondenschein.

Sie träumen von Blüten, spielen, fliegen,
und auch vom In-der-Sonne-Liegen.

MATERIAL

2 Schmetterlingsfiguren,
Seidenblumen

Und so geht's:

Legen Sie die Seidenblumen in die Mitte vor sich hin und bewegen Sie die Schmetterlingsfiguren entsprechend der Geschichte.

Tipp

Bei diesem Gedicht können Sie wunderbar kleine Glöckchen oder Handtrommeln einsetzen, die von den Kindern gespielt werden können. Wenn es das Wetter zulässt, können Sie die Geschichte auch draußen auf einer Wiese erzählen.

Es ist Bärlauchzeit!

Eine Geschichte für alle Sinne

Alter: ab 2 Jahren

Im Wald ist es noch kahl und still,
weil die Natur noch schlafen will.

Doch es dauert nicht lang, dann ist es geschehen,
überall kannst du duftende grüne Blätter sehen!

Wir pflücken vorsichtig so viel wir brauchen
und können sie gleich in der Küche verbrauchen.

Erst waschen, trocknen und dann schneiden wir,
wir kneten den Teig und wecken unsere Neugier.

Es riecht und duftet im ganzen Haus,
wir holen das Brot gleich aus dem Ofen raus.

Kurz abkühlen lassen und dann gleich probieren,
zum Schluss noch mit etwas Butter beschmieren.

Köstlich ist es, dafür gibt es nur Lob,
für unser duftendes warmes Bärlauch-Möhren-Brot!

MATERIAL

Bärlauchblätter, Bärlauch-Möhren-Brot, Butter, Brotmesser, Brettchen

Und so geht's:

Erkunden Sie gemeinsam mit den Kindern die Bärlauchblätter, den Geruch und ihre weiche Struktur. Nach der Geschichte können die Kinder das Brot mit etwas Butter probieren.

Rezept: Bärlauch-Möhren-Brot

(Für einen großen Brotlaib oder ein Blech mit kleinen Brötchen)

ZUTATEN: 400 ml warmes Wasser, 1 Würfel Hefe, 1 TL Zucker, 2 TL Salz, 350 g Weizenmehl, 200 g Roggenmehl, 200 g Dinkelmehl, 1 Handvoll geschnittener Bärlauch, 1 große geriebene Möhre

Die Hefe mit dem Zucker im warmen Wasser unter Rühren auflösen. Das Mehl mit dem Salz mischen und in die Schüssel mit dem Wasser geben. Alles mehrere Minuten zu einem Teig kneten. Die Schüssel abdecken und eine Stunde ruhen lassen. Den Teig auf einer bemehlten Arbeitsfläche erneut durchkneten und den Bärlauch und die Möhre einarbeiten. Einen großen Brotlaib oder viele Minibrötchen formen. Ein tiefes Backblech oder einen Topf einfetten und den Brotlaib drauflegen und mit Alufolie abdecken. Das Blech in den kalten Ofen geben und etwa 50 Minuten bei 240 Grad Ober-/Unterhitze backen lassen. Anschließend nochmal 10 Minuten ohne Alufolie backen. Das Brot auf ein Gitter stürzen, abkühlen lassen und genießen – guten Appetit!

DEN HIMMEL ENTLANG

Eine tierische Klanggeschichte

Alter: ab 2 Jahren

MATERIAL

Rasseln

Schaut mal, da fliegen die Vögel, wie schön!
Und so viele! Wie hübsch sind sie anzuseh'n!
Leise rasseln.

Könnt ihr den vorderen Vogel erkennen?
Die Vogelgruppe wird sich bis zum Ziel nicht mehr trennen.
Lauter rasseln.

Sie fliegen dort oben am Himmel entlang,
wo man sie gar nicht fangen kann.
Leiser rasseln.

Ihr Vögel, wir winken euch: „Huhu!",
schauen euch auf eurer weiten Reise zu.
Winken.

Tipp

Kennen die Kinder schon einige Zugvögel? Zeigen Sie ihnen passend zur Klanggeschichte verschiedene Bilder von Störchen, Kranichen, Kuckucken und Co.

KLEINER GRÜNER VOGEL

Alter: ab 1,5 Jahren

Ein farbenfrohes Gedicht

MATERIAL

1 Tüte, 3 Vogelfiguren (blau, gelb, grün), kleine Stöckchen, Stroh

Auf der Tüte sitzen, schau,
zwei Vögel – einer gelb und einer blau!

Sie hüpfen am Rand der Tüte hin und her,
das fällt den beiden gar nicht schwer.

Sie fliegen hoch und runter,
sammeln Stroh und Stöcke munter.

Die schönen Dinge lassen sie in die Tüte fallen,
man kann hören, wie sie auf den Boden prallen.

Die beiden fliegen in ihr Tütennest
und ich halte die Tüte ganz, ganz fest.

Es rumpelt und pumpelt, was ist darin nur los?
Ich behalte sie sicher auf meinem Schoß.

Die Tüte, sie wackelt, die Vögel, sie toben ganz kühn.
Heraus kommt der blaue, der gelbe und ein Babyvogel in Grün.

Und so geht's:

Legen Sie den grünen Vogel in die Tüte. Spielen Sie dann die Geschichte mit dem blauen und dem gelben Vogel und den Sammelmaterialien nach – legen Sie schlussendlich die beiden Vögel in die Tüte und holen Sie den grünen Vogel aus der Tüte hervor.

Tipp

Sie können die Vögel auch einfach selbst gestalten: Zeichnen Sie Vögel auf ein Blatt Papier und malen Sie diese mit den entsprechenden Wasserfarben an. Laminieren Sie jeden Vogel in matter Folie. Auf die Rückseite können Sie jeweils eine kleine Wäscheklammer kleben, so können die Vögel auf dem Tütenrand sitzen.

Als der Laich in den Teich kam

Eine quakende Geschichte

Alter: ab 2,5 Jahren

In der Mitte ist ein wunderschöner Teich, könnt ihr ihn sehen? Überall am Rand wachsen Gräser und es gibt viele Steine, die es den Tieren ermöglichen, in den Teich hineinzuklettern und wieder herauszusteigen.

Gerade tummeln sich ganz viele Kröten und Frösche um den Teich herum. Sie springen und krabbeln aus allen Richtungen des Waldes auf die Wasserstelle zu. Einige von ihnen springen in einem hohen Bogen in den Teich hinein, sodass das Wasser in alle Richtungen spritzt. Andere gehen ganz vorsichtig und fast lautlos über die Steine ins Wasser.

Als alle Kröten und Frösche im Wasser sind, schwimmen sie aufgeregt hin und her. Sie quaken so laut, dass man ihren Gesang noch in weiter Entfernung hören kann. So geht das die ganze Nacht. Sie schwimmen, tauchen und quaken gemeinsam im Chor.

Am nächsten Morgen ist es am Teich jedoch ganz still. Überall im Wasser sieht man Laich schwimmen. Das sind die Eier der Frösche und Kröten, aus denen bald kleine Kaulquappen schlüpfen. Aber das, liebe Kinder, ist eine andere Geschichte, die erst im Sommer weitergeht!

MATERIAL

Tücher (blau, grün und braun), Steine, Froschfiguren, kleine Pompons, 1 Deckel eines Einmachglases (für jedes Kind)

Und so geht's:

Gestalten Sie aus den Materialien ein großes Bodenbild: Nutzen Sie die Tücher für den Boden, den Teich und die Wiese, die Steine als Deko am Wasser. Während der Geschichte können die Kinder die Froschfiguren in den Teich springen lassen. Zudem bekommt jedes Kind den Deckel eines Einmachglases – so können Sie gemeinsam „quaken". Wenn in der Geschichte der Laich zu sehen ist, geben Sie die kleinen Pompons in den Teich.

DIE FARBEN DES MARIENKÄFERS

Ein kunterbuntes Gedicht

Alter: ab 1,5 Jahren

Auf unserer Tüte sitzt ein Marienkäfer,
er krabbelt die Tüte rauf und runter.
Er hat einen Traum, er wäre gerne bunter:
„Schau dir meinen Körper an,
auf dem man nur Rot und Schwarz
entdecken kann."

Langsam fliegt er über der Tüte im Kreise
und summt seinen Wunsch ganz leise:
„Ich wäre so gern bunter!"
Und zack – fliegt er in die Tüte runter.

Die Tüte, sie zappelt, wackelt hin und her,
ein Blick hinein, doch die Tüte ist leer!
Sie springt auf und nieder
und das wieder und wieder.

Plötzlich hält sie an
und fängt dann wieder von vorne an.
Stille – und heraus kommt, klein und rund,
unser Marienkäfer – kunterbunt.

MATERIAL

1 Tüte, 1 Umschlag,
1 Marienkäferfigur,
1 bunte Marienkäferfigur

Tipp

Sie können die Marienkäfer auch selbst basteln: Zeichnen Sie dafür Marienkäfer auf ein Blatt Papier und malen Sie diese mit den entsprechenden Wasserfarben an. Laminieren Sie jeden Marienkäfer in matter Folie und schneiden Sie sie aus.

Und so geht's:

Platzieren Sie den bunten Käfer in einem Umschlag, der an der Geschenktüte haftet. Spielen Sie die Geschichte nach, verstecken Sie den Marienkäfer in der Tüte und holen Sie den bunten Käfer am Ende der Geschichte hervor.

UNSER OUTDOORKONZERT

Alter: ab 1,5 Jahren

Ein fröhliches Lied

Dreimal rasseln –
der Frühling ist jetzt da.
Hörst du schon die Rassel klingen,
und wie schön wir zusammen singen!
Dreimal rasseln –
der Frühling ist jetzt da!

Dreimal trommeln –
der Frühling ist jetzt da.
Hörst du schon die Trommel klingen,
und wie schön wir zusammen singen!
Dreimal trommeln –
der Frühling ist jetzt da!

③
Dreimal den Glockenstab anschlagen –
der Frühling ist jetzt da.
Hörst du schon den Glockenstab klingen,
und wie schön wir zusammen singen!
Dreimal den Glockenstab anschlagen –
der Frühling ist jetzt da!

Dreimal die Klangstäbe anspielen –
der Frühling ist jetzt da.
Hörst du schon den Klangstab klingen,
und wie schön wir zusammen singen!
Dreimal die Klangstäbe anspielen –
der Frühling ist jetzt da!

Melodie: Hopp, hopp, hopp, Pferdchen lauf Galopp

Tipp

Ergänzen oder ersetzen Sie Instrumente in diesem Lied, die Sie zur Verfügung haben.

MATERIAL

Rassel, Handtrommel, Glockenstab, Klangstab

AUS EINEM KLEINEN SAMENKORN

Ein wachsendes Erzähltheater

Alter: ab 1,5 Jahren

MATERIAL

Bildkarten der verschiedenen Wachstumsschritte eines Samenkorns

Ein Samenkorn ist klitzeklein.
Doch kommt es in die Erde rein
mit etwas Wasser und viel Sonnenlicht,
ist schon bald etwas Grünes in Sicht.

Die Keimblätter recken sich gerade hinauf
und schon nimmt die Entwicklung ihren Lauf.
Der Stamm wird immer dicker und länger,
der Platz in den Töpfen immer enger und enger.

Nun müssen wir nicht länger warten
und setzen die Pflanze in den Garten.
Hier kann sie wachsen und sich ausbreiten,
hat genug Platz zu allen Seiten.

Und nach kurzer Zeit liegt in der Luft
schon der erste Blütenduft.

Tipp

Pflanzen Sie mit den Kindern Kresse oder ziehen Sie Bohnen, Kürbisse oder Zucchini vor, um diese in den Garten umzupflanzen.

Und so geht's:

Halten Sie die Bildkarten in der Hand. Jedes „erzählte" Bild legen Sie in einer Linie auf den Boden, sodass die Kinder am Ende der Geschichte alle Stadien des Wachstums in einer Reihe sehen können.

DAS WETTER IM APRIL

Ein regnerisches Gedicht

MATERIAL

weißer Tonkarton,
Fingerfarben, Schere

Heute scheint die Sonne,
verbreitet Freud und Wonne.

Plötzlich fängt's zu regnen an,
schau die dicken Tropfen an.

Prasseln hoch vom Himmel runter,
da stell ich mich lieber schnell unter.

Und sind die dunklen Wolken weitergezogen,
erscheint am Himmel ein Regenbogen.

Aus diesem Wetter wird man nicht schlau,
der Himmel ist schon wieder blau.

Aber was erwarten wir – es ist April,
da macht das Wetter immer, was es will!

Und so geht's:

Gestalten Sie mit den Kindern die verschiedenen Wetterlagen auf weißem Tonkarton. Stempeln Sie zum Beispiel die Regentropfen und malen Sie einen großen Regenbogen mit Fingerfarben. Jedes Kind kann eine eigene Figur gestalten, die während des Gedichts über die verschiedenen Tonkartonbilder bewegt wird.

DER SCHMETTERLING UND DIE WILDBLUMENWIESE

Eine bunte Geschichte

Alter: ab 2 Jahren

Ein fröhlicher Schmetterling fliegt über eine wunderschöne Wildblumenwiese. „So viele herrliche Blüten!", sagt er zu sich selbst. „Aus welcher möchte ich zuerst den Nektar probieren?" Um sich einen Überblick zu verschaffen, fliegt er eine Runde über die Wiese. Er fliegt und fliegt.

Er steuert eine zarte **blaue** Blüte an. Er streckt seinen Rüssel hinein und trinkt. „Mhhhhh, ist das köstlich!"

Dann fliegt er weiter. Er landet auf einer **gelben** Blüte, streckt seinen Rüssel hinein und trinkt. „Mhhhhh, ist das köstlich!"

Dann fliegt er weiter. Er steuert eine leuchtend **rote** Blüte an, streckt seinen Rüssel hinein und trinkt. „Mhhhhh, ist das köstlich!"

Dann fliegt er weiter. Er steuert eine **violette** Blüte an, streckt seinen Rüssel hinein und trinkt. „Mhhhhh, ist das köstlich!"

Dann fliegt er weiter. Eine letzte Blume möchte der fröhliche Schmetterling noch anfliegen – aber welche? Er fliegt und fliegt und landet auf einer **weißen** Blüte. Er streckt seinen Rüssel hinein und trinkt. „Mhhhhh, ist das köstlich! Jetzt bin ich satt und ruh mich etwas aus!"

MATERIAL

Bildkarten von verschiedenfarbigen Blumen, 1 Schmetterlingsfigur

Und so geht's:

Legen Sie die Bildkarten aus, sodass sie für alle Kinder gut sichtbar sind. Bewegen Sie dann die Schmetterlingsfigur passend zur Geschichte von Blume zu Blume.

Blau: Glockenblume, Kornblume, Flockenblume, Wegwarte, Natternkopf
Gelb: Frauenmantel, Dill, Wundklee, Barbarakraut, Zweizahn, Raps, Ringelblume
Rot: Acker-Gauchheil, Kleine Klette, Taubnessel, Knabenkraut, Majoran, Klatschmohn
Violett: Schnittlauch, Klee, Balkanwindröschen, Akelei, Glockenblume, Distel
Weiss: Schafgarbe, Günsel, Lauchkraut, Bärlauch, Graslilie, Wiesenkerbel, Gänsekresse

WAS PASSIERT IM FRÜHLING?

Alter: ab 2,5 Jahren

Eine rätselhafte Geschichte

Heute beginnt der Frühling. Der Frühling ist eine von vier Jahreszeiten und kommt nach dem Winter. Was macht den Frühling so besonders?

Es wird wärmer! Wir brauchen nicht mehr so viele Klamotten. Wenn es wärmer wird, müssen wir keinen **Schal** und keine **Handschuhe** mehr tragen.

Was verändert sich noch? Es bleibt länger hell! Die **Sonne** hat nicht nur mehr Kraft, sie geht auch nicht mehr so früh unter wie im Winter.

Auch in der Tierwelt passiert etwas! Die Tiere erwachen aus dem Winterschlaf und werden wieder aktiver. Die **Vögel** singen und bauen ihre Nester, damit sie ihre Eier legen können. Die **Frösche** quaken im Wasser und die ersten **Schmetterlinge** tanzen in der Luft.

Und überall in der Natur entdecken wir die ersten **Knospen** und zarten Blätter an Büschen und Bäumen. Und endlich blühen auch die ersten **Blumen** und bringen bunte Farbtupfer und Futter für die Tiere.

Und weil der Frühling so schön ist, können wir auch wieder mehr draußen spielen. Uns wird nicht mehr so schnell kalt und wir genießen die frische Luft und die wärmenden Sonnenstrahlen.

MATERIAL

Bildkarten (Schal, Handschuhe, Sonne, Vögel, Frösche, Schmetterlinge, Knospen, Blumen)

Tipp

Bieten Sie zusätzlich einen Korb mit Gegenständen an, die den Frühling noch greifbarer machen, wie beispielsweise einen blühenden Krokus, Tulpen, Narzissen, eine Vogelfigur, oder Frösche und Schmetterlinge.

Und so geht's:

Halten Sie die Bildkarten beim Erzählen in der Hand. Legen Sie dann den jeweils im Text erwähnten Gegenstand als Bildkarte in die Mitte auf den Boden.

WIE RIECHT DER FRÜHLING?

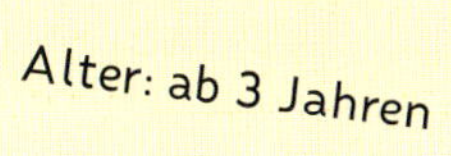

Heute wollen wir herausfinden, wie der Frühling riecht!

Der Frühling ist eine von vier Jahreszeiten und kommt nach dem Winter. Wer von euch weiß, wie der Frühling riecht?

Wir können verschiedene Düfte von Blumen riechen, zum Beispiel Flieder oder auch Maiglöckchen.

Ein erdiger Geruch liegt in der Luft. Das riechen wir besonders in den Beeten oder wenn wir im Wald unterwegs sind. Sobald die Erde trocknet, verschwindet der Geruch allmählich.

Nun werden auch überall die großen Wiesen gemäht. Der Geruch von Gras liegt in der Luft.

Der Frühling ist eine besondere Jahreszeit und es gibt so viele tolle Gerüche zu entdecken!

MATERIAL

abgedeckte Gefäße, Flieder, Maiglöckchen, Erde, Gras

Und so geht's:

Idealerweise erzählen Sie die Geschichte draußen, wo die Gerüche von den Kindern noch bewusster wahrgenommen werden können. Sie können die Gerüche aber auch einzeln in abgedeckten Gefäßen anbieten und passend zur Geschichte aufmachen und die Kinder daran schnuppern lassen.

Sommer

DER FLAMENGO MÖCHTE GRÖSSER SEIN

Eine zauberhafte Geschichte

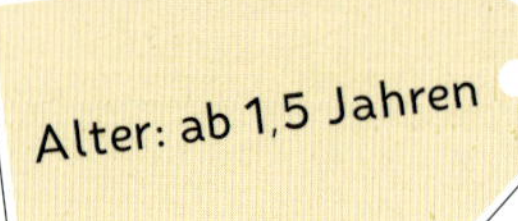

MATERIAL

1 Erzählsäckchen, 2 gleiche Flamingofiguren mit unterschiedlich langen Beinen

Des Flamingos Beine sind kurz und klein,
er wünscht sich, sie würden länger sein.
Es streckt sich rauf und nieder,
immer wieder, immer wieder.

„Niemand kann mich sehen,
spür nie den Wind im Gefieder wehen.
Drum möchte ich gern größer sein
und hüpfe in das Zaubersäckchen rein."

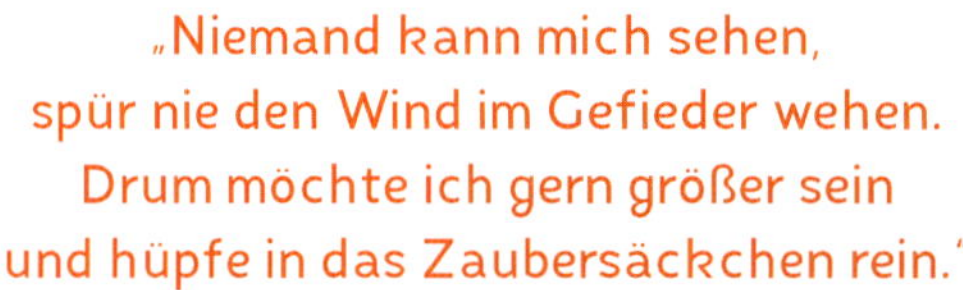

Das Säckchen, das rappelt und zappelt und hört ganz plötzlich auf.
Und schon kommt der Flamingo wieder heraus.
Er streckt sich wie eben auf und nieder,
immer wieder, immer wieder.
„Herr Flamingo, wir wollen deine langen Beine seh'n,
du kannst nun große Schritte gehen!"

Tipp

Sie können den Flamingo auch selbst basteln: Malen Sie dazu einen Flamingo ohne Beine auf ein Blatt Papier, malen Sie ihn an und schneiden Sie ihn aus. Dann basteln Sie eine Hexentreppe und fixieren diese mit zwei Büroklammern an dem Flamingo – wenn der Flamingo nach dem Zauber größer wird, können Sie die Büroklammer lösen, sodass die Beine des Flamingos länger werden.

Und so geht's:

Verstecken Sie die größere der beiden Flamingofiguren im Erzählsäckchen, während Sie mit der kleineren Figur die Zaubergeschichte beginnen und sie entsprechend des Textes bewegen. Im Laufe der Geschichte wandert die kleine Flamingofigur in das Säckchen, welches Sie daraufhin rütteln und schütteln. Nach dem Zauber holen Sie die große Flamingofigur aus dem Erzählsäckchen und spielen mit ihr den Rest der Geschichte nach.

EIN GROSSES SOMMEREIS

Eine leckere Klanggeschichte

Alter: ab 1,5 Jahren

Heute ist es richtig heiß,
da bestellen wir ein großes Eis.
Die Klangstäbe anschlagen.

Eine gelbe Kugel,
Rasseln.
eine rote Kugel,
Rasseln.
eine grüne Kugel,
Rasseln.
eine weiße Kugel
Rasseln.
und eine braune Kugel Eis.
Rasseln.

Zum Schluss noch ein paar Streusel drauf
und schon ist die Geschichte aus.
Beide Instrumente gleichzeitig spielen.

MATERIAL

Klangstäbe, Rasseln, Eisbecher, bunte Pompons

Und so geht's:

Legen Sie einen Eisbecher und ein Körbchen mit bunten Pompons in die Mitte. Während der Geschichte können Sie die Pompons als Eiskugeln in den Eisbecher legen.

EIN AUFREGENDES UNTERWASSERRENNEN

Alter: ab 2 Jahren

Ein spannendes Gedicht

MATERIAL

blaues Tuch,
4 Seekuhfiguren,
1 großer Stein,
1 große Muschel,
1 Haifigur

Wenn vier Seekühe nebeneinander an der Startlinie stehen,
dann muss es um ein Unterwasserrennen gehen.

Seid alle still und gebt gut Acht,
Seekühe bewegen sich grazil und mit Bedacht.

Die erste möchte die schnellste sein,
drum nimmt sie die Abkürzung über den Stein.

Die zweite hört Jubel und Getuschel,
schwimmt unter eine große Muschel.

Die dritte sieht in der Entfernung einen Hai,
weicht aus und schwimmt am Seegraswald vorbei.

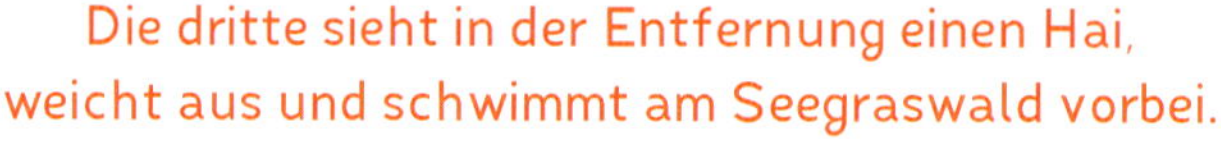

Die vierte sprintet geradewegs vor
und hört den jubelnden Chor.

Nun ist das Unterwasserrennen aus
und alle schwimmen nach Haus.

Und so geht's:

Bauen Sie die Seekühe auf einer Höhe nebeneinander auf. Platzieren Sie die Gegenstände mit etwas Abstand vor den Figuren. Nun führen Sie die Bewegungen passend zur Geschichte aus: Heben Sie zum Beispiel die Muschel, damit die Seekuh darunter hindurch schwimmt.

Tipp

Wenn Sie keine Seekuhfiguren haben, verwenden Sie laminierte Fotos von Seekühen. Schneiden Sie in vier Weinkorken einen Schlitz für die Fotos. So können Sie die Figuren bewegen und an die entsprechende Stelle schieben.

SILBERAMEISEN BEKOMMEN KEINE HEISSEN FÜSSE

Ein Quiz zum Mitmachen

Alter: ab 2 Jahren

MATERIAL

tiefes Blech, Sand, Steine, Sukkulenten, Ameisenfigur

In der Sahara ist es sehr heiß. Überall ist Sand, es gibt wenig Pflanzen, kein Wasser und man entdeckt nur sehr selten ein Tier.

Was für ein Tier könnte in dieser Umgebung leben?

Das Tier, das wir suchen, ist sehr klein.

Es hat sechs Beine.

Es hat zwei Fühler.

Das gesuchte Tier lebt mit sehr vielen Artgenossen in einem Nest unterhalb der Erde.

Damit es sich bei der Hitze nicht die Beine verbrennt, läuft es im Galopp über den heißen Sand.

In der Sonne schimmert es silbern.

Deshalb wird es **Silberameise** genannt. Habt ihr sie erkannt? Sie ist die schnellste Ameise der Welt!

Tipp

Bieten Sie den Kindern mehrere Tierbilder zum Bestimmen des gesuchten Tieres an, zum Beispiel einen Elefanten, einen Vogel, eine Ameise, einen Schmetterling und einen Fisch. So können sie nach jedem Raten alle Tiere betrachten und überlegen, ob das Gesagte zutrifft.

Und so geht's:

Bereiten Sie ein tiefes Blech mit Sand und ein paar Steinen vor. Die Kinder können das Tier erraten und danach mit den Figuren auf dem Blech spielen.

DIE VULKANSCHNECKE

Ein faszinierendes Tiefseegedicht

Alter: ab 2 Jahren

MATERIAL

2 Schneckenfiguren, blaue Schwungtücher, 1 großer Stein

Die Schnecke schleicht leise,
dreht auf dem Felsen ihre Kreise.
Sie genießt die warme Sonne
auf dem Boden voller Wonne.

Kommt eine weit're Schnecke an,
nimmt Anlauf, saust vorbei - und dann,
mit einem riesengroßen Schwung,
setzt sie an zum Überhol-Sprung.

Doch Schnecken, ja das wissen wir,
sind ein langsames Getier.
Und diese Schnecke liebt es nasser,
denn sie lebt im Wasser.

Und so geht's:

Legen Sie zunächst ein Bodenbild: blaue Schwingtücher für das Wasser, den großen Stein für den Felsen. Bewegen Sie dann die Figuren entsprechend der Geschichte.

ALS DER LAICH AUS DEM TEICH KAM

Eine schlüpfende Geschichte

In der Mitte ist ein wunderschöner Teich, könnt ihr ihn sehen? Überall am Rand wachsen Gräser, es blühen Sumpfblumen und es gibt viele Steine, die es den Tieren ermöglichen, in den Teich hineinzuklettern und wieder herauszusteigen.

In den letzten Wochen sind aus den Froscheiern, die die Frösche und Kröten im Frühjahr gelegt haben, kleine Kaulquappen geschlüpft. Diese kleinen Kerlchen haben jeden Tag im seichten Wasser in der Sonne gelegen, außer es gab ein lautes Geräusch oder eine andere Gefahr – dann sind sie schnell ins tiefere Wasser geschwommen.

Mittlerweile tummeln sich ganz viele minikleine Kröten und Frösche im Teich herum. Sie bewegen sich zum Rand des Teiches und steigen über die Steine hinaus auf den Waldboden.

Sie alle haben genug Zeit im Wasser verbracht und wollen nun endlich sehen, was es außerhalb des Teiches zu entdecken gibt! So machen sie sich zu Hunderten auf den Weg und springen immer weiter weg vom Teich, bis wir sie nicht mehr sehen können.

Nun ist es ganz ruhig im Wasser. Aber schon im nächsten Frühjahr kommen sie alle zurück zu diesem Teich und füllen ihn erneut mit Laich. Aber das, liebe Kinder, ist eine andere Geschichte, die im Frühjahr weitergeht!

MATERIAL

Tücher (blau, grün und braun), Steine, Blumen, Froschfiguren, Kaulquappenfiguren, kleine Pompons, 1 Deckel eines Einmachglases (für jedes Kind)

Und so geht's:

Gestalten Sie aus den Materialien ein großes Bodenbild: Nutzen Sie die Tücher für den Boden, den Teich und die Wiese, die Steine und die Blumen als Deko am Wasser und die Pompons als Laich im Wasser. Nehmen Sie am Anfang der Geschichte die Pompons langsam heraus und legen Sie stattdessen die Kaulquappenfiguren auf das Tuch. Während der Geschichte tauschen Sie diese dann gegen die Froschfiguren, die die Kinder gegen Ende aus dem Teich nehmen und verstecken. Dann können sie mit dem Deckel eines Einmachglases „quaken".

DIE GRILLEN, DIE IM SOMMER SINGEN

Alter: ab 2 Jahren

Ein musikalisches Gedicht

MATERIAL

Grillen-Geräusche

Im Sommer, wenn wir spazieren geh'n,
kannst du sie hören, aber nicht seh'n.
Für uns sind sie fast unsichtbar,
dabei sind sie eine große Schar.

Wenn sie gemeinsam ihre Flügel schwingen,
hörst du es schon von weitem klingen.
Mal musizieren sie laut und dann wieder leise,
jede Grille auf ihre eigene Art und Weise.

Doch ihr Gesang im großen Chor
bleibt uns noch gewiss im Ohr.
Die kleinen Musikanten weit und breit
spielen nur zur Sommerzeit.

Tipp

Stellen Sie Bildkarten von verschiedenen Grillenarten und ihren Flügeln bereit, damit die Kinder sehen, wie das Geräusch entsteht.

WIR LIEGEN AUF DER WIESE

Eine entspannende Geschichte

Alter: ab 2,5 Jahren

Wir liegen auf einer frisch gemähten Wiese. Wir atmen ein paarmal tief ein und wieder aus, um die herrliche Luft zu riechen. Schnuppert mal, wie gut das duftet!

In der Ferne hören wir ein Summen. Langsam kommt es immer näher. Ein dicker Käfer fliegt an uns vorbei und landet auf einem Baumstamm.

Kurz darauf beobachten wir, wie zwei Schmetterlinge in der Luft tanzen. Sie fliegen langsam hin und her, genießen die zarten Sonnenstrahlen und umkreisen sich gegenseitig im Flug.

Ein Vogel beginnt fröhlich zu singen. Seine Melodie ist so schön, da lauschen wir gerne etwas länger.

Wir atmen ein paarmal tief ein und wieder aus. Wir konnten uns etwas ausruhen und öffnen langsam unsere Augen. Wir setzen uns leise auf und strecken uns gemeinsam.

MATERIAL

1 Isomatte und 1 Kissen (für jedes Kind)

Und so geht's:

Die Kinder legen sich gemütlich auf ihre Matten und schließen, wenn sie möchten, ihre Augen. Wenn Sie die Möglichkeit haben, erzählen Sie die Geschichte draußen auf einer Wiese. Nutzen Sie ein akustisches Signal, zum Beispiel einen Glockenstab oder eine Klangschale, zu Beginn und Ende der Geschichte.

SOMMERREGEN

Eine nasse Klanggeschichte

Alter: ab 2 Jahren

MATERIAL

Handtrommel

Heute ist ein warmer, sonniger Tag. Doch langsam zieht sich der Himmel mit großen grauen Wolken zu.
Mit der Handfläche über die Trommel streichen.

Es beginnt ganz leicht zu tröpfeln.
Leise mit den Fingerspitzen auf die Trommel klopfen.

Dann kommen dicke Hagelkörner dazu.
Laut trommeln.

Ein lauter Donner ist zu hören. Der Donner wird immer lauter und lauter.
Lauter trommeln.

Ein helles Licht zuckt über den Himmel, das war ein Blitz.
Einmal auf die Trommel schlagen.

Doch plötzlich wird der Himmel wieder heller und der Hagel hört allmählich auf.
Leise trommeln.

Auch der Regen wird immer leiser, bis er komplett verstummt.
Leicht trommeln.

Die grauen Wolken haben sich verzogen. Nun ist wieder die strahlende Sonne am blauen Himmel zu sehen.
Mit der Handfläche über die Trommel streichen.

Tipp

Geben Sie jedem Kind einen Eimer, auf dem sie trommeln können. Alternativ können die Kinder die Geschichte auch mit ihren Fingern auf dem Boden oder der Tischplatte begleiten.

BARFUSS DURCH DEN SOMMER

Ein bewegendes Gedicht

Alter: ab 2,5 Jahren

Heute wollen wir spazieren gehen,
da bleiben wir nicht auf der Stelle stehen!
Im Kreis stehen und
Laufbewegungen andeuten.

Erst wollen wir langsam gehen
und uns danach auf der Stelle drehen.
Langsam im Kreis gehen, dann drehen.

Wir können auch gemeinsam singen
und danach auf der Stelle springen.
Singen und dann auf der Stelle springen.

Zwischendurch sind wir leise am Babbeln,
danach sieht man uns im Kreise krabbeln.
Vor sich hin flüstern, dann eine Runde
im Kreis krabbeln.

Nun kommen wir langsam ins Schwitzen
und wollen auf unserem Popo sitzen.
Hinsetzen.

Jetzt können wir uns hin und her wiegen
und kommen auf dem Boden zum Liegen.
Hin und her wiegen, dann hinlegen.

Das hat ganz viel Spaß gemacht
und ihr habt alle toll mitgemacht!
Jubeln und klatschen.

Tipp

Fertigen Sie im Vorfeld gemeinsam mit den Kindern Fotos oder Bildkarten von den einzelnen Bewegungen an. Durch die selbstgestalteten Bildkarten können Sie die Bewegungen im Vorfeld spaßig vermitteln. Gleichzeitig stärken Sie das Gruppengefühl und die Kinder freuen sich, sich und ihre Freunde und Freundinnen während des Erzählens auf den Bildkarten zu entdecken.

AUF DEM CAMPINGPLATZ

Eine reisende Geschichte

Alter: ab 2 Jahren

MATERIAL

Spielauto, Wasserball, Sonnenbrille, Malbuch, Stifte, Eimer, Muscheln

Es ist Urlaubszeit! Samuel, Ansgar, Hanni und Toni sind schon ganz aufgeregt, denn sie fahren mit ihren Eltern auf einen Campingplatz.

Der Campingplatz ist weit weg. Sie müssen ein paar Stunden mit dem Auto fahren, bis sie dort ankommen. Mama und Papa packen die Reisetaschen und auch die Kinder helfen fleißig mit: Samuel packt seinen **Wasserball** ein, Ansgar möchte sein **Lieblingsauto** zum Spielen mitnehmen, Hanni sucht ihre **Sonnenbrille** und Toni legt ihre **Malsachen** in die Tasche. Außerdem gibt es eine große Tasche mit Essen und Trinken für unterwegs.

Endlich ist es so weit! Das Auto ist gepackt und die Fahrt geht los. Es dauert nicht lange und die vier sind eingeschlafen. Als sie wieder aufwachen, sind sie schon am Campingplatz angekommen. Die Sonne scheint und sie hören das Meer in der Nähe rauschen.

Nachdem das Auto geparkt ist, nehmen die vier ihren Platz in Augenschein: Hier können sie die nächsten Tage spielen, schlafen und essen – das wird großartig!

Mama hat eine kleine Tasche für den Strand gepackt. „Kommt, lasst uns **Muscheln** sammeln gehen“, sagt sie. Am Strand angekommen bekommen Samuel, Ansgar, Hanni und Toni einen **Eimer** und beginnen mit der Suche nach den **Muscheln**.

Als sie später zurück am Platz sind, zeigen sie Papa ihren **Muschelschatz**. Danach essen sie gemeinsam und schlürfen einen erfrischenden Eistee. Nachts schauen sie sich gemeinsam die Sterne am Himmel an.

„Das war ein schöner erster Tag“, sagt Toni zu ihrem Papa. „Was wir wohl noch alles erleben, hier auf dem Campingplatz?“

Und so geht's:

Legen Sie alle Gegenstände in die Kreismitte und besprechen Sie sie mit den Kindern. Während der Geschichte achten die Kinder darauf, wann einer der Gegenstände genannt wird und zeigen darauf.

Rezept: Pfirsich-Eistee

ZUTATEN: 6 Pfirsich- oder Zitronenteebeutel, kochendes Wasser, 4 frische Pfirsiche, 3 ganze Minzstängel, Eiswürfel

Die Teebeutel mit kochendem Wasser aufgießen, ziehen und abkühlen lassen. Die Pfirsiche waschen, entkernen und in Spalten schneiden. Die Minzstängel kurz abwaschen und beiseitestellen. Die Eiswürfel, Pfirsichspalten und Minzstängel in ein Glas geben und mit dem kalten Tee auffüllen. Wer es lieber sprudelig mag, nimmt weniger Tee und füllt das Glas mit Sprudelwasser auf.

WILDER WASSERSPASS

Ein kühlendes Gedicht

Alter: ab 2 Jahren

Durch den Wasserstrahl geht's rein,
hört ihr, wie sich die Kinder freu'n?

Um den Sprenger ist was los,
das bringt Spaß für Klein und Groß!

Wir laufen durch mit lautem Lachen
und probieren noch andere Sachen.

Springen, rückwärts, tanzend oder drehend,
richtig nass wird man aber stehend.

Die vielen kleinen Wassertropfen,
sie glitzern, wenn sie auf Haut und Boden klopfen.

Nun machen wir eine Rasensprenger-Pause,
denn gleich geht's für alle nach Hause!

MATERIAL

Rasensprenger

Und so geht's:

Erzählen Sie und führen Sie die Bewegungen mit den Kindern zuerst trocken aus. Anschließend erzählen Sie die Geschichte und die Kinder können diese draußen unter dem Regensprenger zusammen ausführen. Für große Gruppen eignet sich auch ein Gartenschlauch, der in den Himmel gehalten wird und so großflächig feine Wassertropfen verteilt.

DIE BLUMEN AUF DER WIESE

Ein blühendes Gedicht

Alter: ab 1,5 Jahren

Sommer, oh Sommer, nun bist du endlich da
und es beginnt die farbenfrohe Zeit im Jahr.
Die Blumen auf der Wiese, sie blühen wunderschön.
Wir wollen Blumen in allen Farben seh'n.

Der Löwenzahn ist gelb,
das Gänseblümchen weiß.
Der Mohn leuchtet rot,
das Hasenglöckchen violett.
Der Klee blüht rosa,
wie ein jeder weiß!

Sommer, oh Sommer, nun bist du endlich da
und es beginnt die farbenfrohe Zeit im Jahr.
Die Blumen auf der Wiese, sie duften wunderbar.
Wir wollen sie bestaunen, das ist doch sonnenklar.

Tipp

Begleiten Sie zusätzlich jede Blume mit einem anderen Instrument.

Und so geht's:

Nutzen Sie zum Betrachten der Bilder das Erzähltheater. Wiederholen Sie den Absatz mit den Blumen und den Farben – so können die Kinder in der zweiten Runde direkt aktiv mitmachen und die Farben benennen.

MATERIAL

Bildkarten (Löwenzahn, Gänseblümchen, Mohn, Hasenglöckchen, Klee), Erzähltheater

WAS PASSIERT IM SOMMER?

Alter: ab 2,5 Jahren

Eine rätselhafte Geschichte

Heute beginnt der Sommer. Der Sommer ist eine von vier Jahreszeiten und kommt nach dem Frühling. Was macht den Sommer so besonders?

Es ist die wärmste Zeit im Jahr. Wir können **kurze Hosen**, **T-Shirts** und **Kleider** tragen, ohne dass wir frieren.

Was verändert sich noch? Es bleibt lange hell! Die **Sonne** hat ganz viel Kraft und geht erst spät abends unter.

Auch in der Tierwelt passiert etwas! Überall fliegen Insekten wie **Marienkäfer** oder **Schmetterlinge**. Alle Tiere sind wieder in Bewegung und genießen die Sonne.

Und überall in der Natur entdecken wir sattgrüne **Bäume** und viele verschiedene **Blumen**. Die vielen verschiedenen Blüten locken besonders **Bienen** an – ihr Summen können wir ganz oft hören.

Und weil der Sommer so schön warm ist, können wir in **Badesachen** mit Wasser spielen und uns richtig nass machen. In den warmen Sonnenstrahlen trocknen wir schnell und können uns gleich nochmal nass machen. Wenn es so herrlich warm ist, schmecken **Wassermelone** und **Eis** besonders gut. Davon können wir verschiede Geschmacksrichtungen probieren.

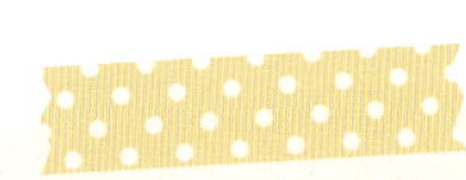

MATERIAL

Bildkarten (kurze Hose, T-Shirt, Kleid, Sonne, Marienkäfer, Schmetterling, Bäume, Blumen, Bienen, Badekleidung, Wassermelone, Eis)

Bieten Sie zusätzlich einen Korb mit Gegenständen an, die den Sommer noch greifbarer machen, wie beispielsweise eine Sonnenbrille, Sonnencreme oder Wasserbomben.

Und so geht's:

Halten Sie die Bildkarten beim Erzählen in der Hand. Legen Sie dann den jeweils im Text erwähnten Gegenstand als Bildkarte in die Mitte auf den Boden.

WIE RIECHT DER SOMMER?

Eine sinnliche Duftgeschichte

Alter: ab 3 Jahren

Heute wollen wir herausfinden, wie der Sommer riecht!

Der Sommer ist eine von vier Jahreszeiten und kommt nach dem Frühling. Wer von euch weiß, wie der Sommer riecht?

Ein typischer Geruch im Sommer ist frisch gemähtes Gras. Das riechen wir häufig, da im Sommer oft Rasen gemäht wird.

Einen leckeren süßlichen Duft verbreiten Beeren, Erdbeeren, Himbeeren, Johannisbeeren, Stachelbeeren und die ersten Heidelbeeren, die an Bäumen und Sträuchern hängen.

Im Gemüsebeet können wir vor allem Tomaten riechen. Auch nur die Pflanze und ihre typischen Laubblätter haben bereits einen starken Tomatenduft.

Auf den Feldern wird allmählich Heu für die kältere Jahreszeit gesammelt. Besonders wenn das Heu frisch gepresst wird, liegt ein besonderer Geruch in der Luft.

Auch der Waldboden riecht ganz anders als im Frühling. Er duftet harzig und würziger.

Der Sommer ist eine besondere Jahreszeit und es gibt so viele tolle Gerüche zu entdecken!

Und so geht's:

Idealerweise erzählen Sie die Geschichte draußen, wo die Gerüche von den Kindern noch bewusster wahrgenommen werden können. Sie können die Gerüche aber auch einzeln in abgedeckten Gefäßen anbieten und passend zur Geschichte aufmachen und die Kinder daran schnuppern lassen.

MATERIAL

abgedeckte Gefäße, Gras, Beeren, Tomaten, Heu, Waldboden

Herbst

DER KIPPLASTER MÖCHTE GRÖSSER SEIN

Eine zauberhafte Geschichte

Alter: ab 1,5 Jahren

MATERIAL

2 gleiche Kipplaster in zwei Größen, 1 Karton

Ein Kipplaster ist ziemlich klein,
möchte gerne größer sein!
Er rollt auf der Baustelle auf und nieder,
immer wieder, immer wieder.

„Ich kann nur wenig Steine fahren,
wäre ich größer, könnt ich so viel Zeit einsparen.
Drum möchte ich gern größer sein
und rolle in den Zauberkarton hinein!"

Der Karton, er rappelt und zappelt und hört plötzlich auf.
Und schon kommt ein großer Kipplaster heraus.
Er rollt auf der Baustelle auf und nieder,
immer wieder, immer wieder.
„Nun kann ich viele und große Steine fahren, so ein Glück!
Der Steinhaufen wird kleiner, Stück für Stück."

Und so geht's:

Verstecken Sie den größeren der beiden Kipplaster im Karton, während Sie mit dem kleineren Kipplaster die Zaubergeschichte beginnen und ihn entsprechend des Textes bewegen. Im Laufe der Geschichte wandert der kleine Kipplaster in den Karton, den Sie daraufhin rütteln und schütteln. Nach dem Zauber holen Sie den großen Kipplaster aus dem Karton heraus und spielen mit ihm den Rest der Geschichte nach.

IM FEIGENBAUM

Ein köstliches Probiergedicht

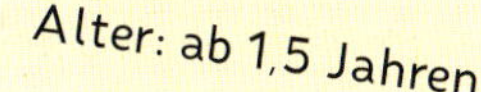

Im Feigenbaum, da ist was los.
Da summen Tierchen, klein und groß.
Auf den Früchten, lila und rund,
sitzen sie aus gutem Grund.

Das saftig süße Früchtelein,
ist köstlich und ganz ohne Stein.
Drum pflück auch du vom Zweige
eine süße, köstliche, runde Feige.

Tipp

Verköstigen Sie gemeinsam mit den Kindern Feigen. Idealerweise können Sie sie selbst vom Baum pflücken oder den Kindern ein Laubblatt des Feigenbaums zum Betrachten und Fühlen anbieten. Das Laub des Baumes hat eine einzigartige Form.

DER MAUERLÄUFER

Ein flatterndes Gedicht

Alter: ab 1,5 Jahren

MATERIAL

Bildkarte (Mauerläufer), 1 Korken, 1 Schere, 1 großer Stein, 1 Baumfigur

Der Mauerläufer ein Vogel mit roten Flügeln ist,
der am Felsen hängt und frisst.

Er breitet seine Flügel aus,
fliegt weit über das Tal hinaus.

Dort gleitet er mit dem Wind - auf und ab und hin und her,
das Fliegen liebt er wirklich sehr.

Doch wird er müde, macht er schnell Rast,
macht Pause hoch oben auf einem Ast.

Dort sitzt er und kommt langsam zur Ruh,
sieht seinen Freunden beim Fliegen zu.

Und so geht's:

Schneiden Sie mit der Schere einen Schlitz in einen Korken und stecken Sie die Bildkarte des Mauerläufers hinein – so können Sie sie als Spielfigur bewegen. Halten Sie den Mauerläufer während der Geschichte an den Stein und fliegen Sie anschließend mit der Figur durch die Luft, bis sie auf dem Baum landet. Dort können Sie gähnen und Schnarchgeräusche machen.

ZEHN FLINKE GINSTERKATZEN

Ein fantastisches Gedicht

Alter: ab 2,5 Jahren

MATERIAL

10 Spielfiguren

Zehn flinke Ginsterkatzen
kletterten auf die Scheun'.
Einem war das viel zu hoch,
da waren's nur noch neun.

Neun flinke Ginsterkatzen
streiften durch die Nacht.
Eine klettert in den Baum,
da waren's nur noch acht.

Acht flinke Ginsterkatzen
wollten Schnecken schieben.
Einer war das viel zu glitschig,
da waren's nur noch sieben.

Sieben flinke Ginsterkatzen
fraßen ein paar Snacks.
Einer wurde schlecht davon,
da waren's nur noch sechs.

Sechs flinke Ginsterkatzen
schlichen in die Sümpf'.
Einer war das zu gruselig,
da waren's nur noch fünf.

Fünf flinke Ginsterkatzen
spielten auf dem Klavier.
Einer war das viel zu laut,
da waren's nur noch vier.

Vier flinke Ginsterkatzen
hörten einen Schrei.
Eine hat sich gleich versteckt,
da waren's nur noch drei.

Drei flinke Ginsterkatzen
malten einen Hai.
Einer fand das langweilig,
da waren's nur noch zwei.

Zwei flinke Ginsterkatzen
stritten um ein Teil: „Meins!".
Eine ging ganz traurig weg,
da war es nur noch eine.

Eine flinke Ginsterkatze
starrte einsam in die Flammen.
Da kamen die anderen neun dazu,
und nun starren sie zusammen.

Und so geht's:

Stellen Sie die Spielfiguren in einer Reihe auf. Nach jeder Strophe entfernen Sie eine Spielfigur. In der letzten Strophe stellen Sie wieder alle Figuren zusammen auf.

WIR PFLÜCKEN ÄPFEL

Ein feines Gedicht

In der Mitte steht ein Baum
voller Äpfel, man glaubt es kaum.

Ein paar sind grün, andere gelb,
der rote gleich vom Ast runterfällt.

Äpfel knackig, süß, sauer und lecker,
treffen fast alle Geschmäcker.

Jeder Apfel kommt in das Körbchen,
wird gewaschen, geviertelt und gebacken zum Törtchen.

MATERIAL

Tücher (braun und grün), 1 großes Körbchen, Bälle (grün, gelb und rot)

Und so geht's:

Legen Sie aus den Tüchern einen großen Baum auf den Boden, die braunen Tücher für den Stamm und die grünen Tücher für die Baumkrone. Platzieren Sie in dieser die Bälle als Äpfel, sodass jedes Kind am Ende des Gedichts einen Apfel pflücken und in das Körbchen legen kann.

Rezept: Apfelkuchen

ZUTATEN: 1 Rote Beete, 1 Apfel, 6 Eier, Saft von 3 Zitronen, 170 ml Öl, 350 g Zucker, 500 g Mehl, 1 Päckchen Backpulver

Die Rote Beete und den Apfel grob reiben. Eier, Zitronensaft und Öl in einer Schüssel mischen. Zucker, Mehl und Backpulver hinzufügen und zu einem Teig verrühren. Die Rote Beete und den Apfel unterheben. Die Kuchenform einfetten und den Teig einfüllen. Im Backofen bei 180 Grad etwa 60 Minuten backen. Nach dem Backen auf ein Kuchengitter stürzen.

SCHNIRKELIGE UND NACKTE SCHNECKEN

Ein kriechendes Gedicht

Alter: ab 1,5 Jahren

MATERIAL

1 Schnirkel-schneckenfigur, 1 Nacktschne-ckenfigur

Bei Regen und Nässe kannst du sie entdecken,
die vielen verschiedenen Schnecken!

Sie wandern gemütlich über den Boden
oder kriechen an Bäumen und Gräsern nach oben.

Wenn sie müde sind, ruhen sie sich aus,
manche unter einem Blatt und andere im eigenen Haus.

Schau nur, wer sitzt unterm Blatt an der Hecke?
Richtig, die große braune Nacktschnecke!

Und wer kriecht dort hinten um die Ecke?
Das ist die wunderschöne Schnirkelschnecke!

Tipp

Basteln Sie zwei Schnecken aus selbsttrocknender Modelliermasse. Verwenden Sie für die Schnirkelschnecke zusätzlich ein leeres Schneckenhaus. Bemalen Sie die Modelliermasse nach dem Trocknen mit Acrylstiften.

Und so geht's:

Spielen Sie mithilfe der beiden Figuren die Geschichte nach.

GROSSE REGENPFÜTZEN

Eine hüpfende Geschichte

Alter: ab 2,5 Jahren

Was können wir nach dem Regen seh'n?
Große Pfützen, die auf den Wegen steh'n!

In die erste springen wir hinein,
dass das Wasser nur so spritzt, genau so soll es sein!

Durch die zweite schleichen wir hindurch,
geschickt und lautlos wie der Lurch!

An der dritten Pfütze tanzen wir entlang,
hören den wunderschönen Wasserklang!

In der vierten springen wir auf und nieder,
das machen wir immer wieder!

Und zu guter Letzt bleiben wir nun stehen
und können von hier alle vier Pfützen sehen!

MATERIAL

Kreppband

Und so geht's:

Kleben Sie mit dem Kreppband vier verschieden große Umrisse von Pfützen auf den Boden. Achten Sie darauf, dass jede Pfütze so groß ist, dass sie genug Platz für die anwesenden Kinder bietet. Alternativ können Sie auch eine Pfütze pro Kind abkleben, sodass die Bewegungen auf der Stelle gemacht werden. Dann laufen die Kinder von Pfütze zu Pfütze und machen die jeweiligen Bewegungen

DER BAUER UND DAS EICHHÖRNCHEN

Eine dankende Geschichte

Alter: ab 2 Jahren

Auf einem Bauernhof steht ein großer alter Walnussbaum. In diesem Walnussbaum hat das schwarze Eichhörnchen Freddy seinen Kobel weit oben in den Ästen gebaut.

Von dort oben hat Freddy den besten Ausblick. Er sieht die umliegenden Obstwiesen und die Gemüsefelder.

Jetzt im Herbst hat der Bauer, der auf der anderen Seite des Felds wohnt, sehr viel zu tun. Er beerdet die Felder. Dort zieht er Zwiebeln, Rote Beete und Karotten aus der Erde.

Er pflückt goldene Maiskolben und Bohnen von den meterhohen Pflanzen.

Auf einem weiteren Feld wachsen Kürbisse und Zucchini, die alle unterschiedlich aussehen.

Auf den Obstwiesen pflückt der Bauer Äpfel, Birnen und Pflaumen von den Bäumen.

MATERIAL

1 Kiste, Äpfel, Birnen, Zwiebeln, Karotten, Maiskolben, Bohnen, Kürbis, Zucchini, Nüsse, Walnüsse, Pflaumen, Rote Beete

„Wie gut das riecht!", denkt Freddy. Überall liegt ein süßlicher und gleichzeitig erdiger Geruch in der Luft. Am Anfang war Freddy ganz überrascht, dass auch Menschen so viel Essen für die kalte Jahreszeit sammeln und lagern. Er dachte immer, dass nur Eichhörnchen so etwas machen.

Am Schluss sammelt der Bauer auch die Walnüsse von Freddys Baum ein. Da er aber weiß, dass Freddy dort wohnt, lässt er immer genug Nüsse für ihn hängen und legt ihm zusätzlich ein Körbchen mit Gemüse und Obst unter den Baum.

Freddy teilt das Essen gerne! Deshalb feiert er immer mit seinen Freundinnen und Freunden ein großes Erntedankfest: Gemeinsames Essen, Geschichten erzählen und zusammen lachen – das ist das Schönste im ganzen Jahr!

Und so geht's:

Befüllen Sie die Kiste mit den entsprechenden Nüssen, Hülsenfrüchten, Obst- und Gemüsesorten. Nach oder während der Geschichte können Sie das entsprechende Lebensmittel im Sitzkreis rumgeben, sodass die Kinder es betrachten und fühlen können.

HÖRST DU DEN REGEN?

Eine nasse Klanggeschichte

Alter: ab 2 Jahren

MATERIAL

Regenschirme

Graue Wolken bedecken den Herbsthimmel. Ein leichter, kühler Wind ist zu spüren.

Einzeln und leise fallen die ersten Regentropfen hinab. Ganz langsam tropft es auf den Regenschirm.

Die Tropfen werden immer mehr und unter dem Regenschirm hört man es prasseln.

Nun nimmt der Regen richtig Fahrt auf, laut und stark fällt er auf den Regenschirm.

Doch dann legt sich der Wind. Die Regentropfen werden wieder leiser und sanfter.

Unter dem Regenschirm sind nur noch einzelne Tropfen zu hören.

Und dann ... Stille! Wir schauen vorsichtig unter dem Regenschirm hervor. Die grauen Wolken sind weitergezogen und es hat aufgehört zu regnen.

Und so geht's:

Teilen Sie die Kinder in zwei Gruppen auf. Spannen Sie dann die Regenschirme auf und stellen Sie sie so auf den Boden, dass ein Teil der Kinder darunter sitzen kann. Die anderen Kinder stehen hinter dem Schirm und machen mit den Fingern die zur Geschichte passenden Geräusche. Erzählen Sie die Geschichte zweimal, sodass jedes Kind einmal zuhören und einmal die Geräusche machen kann.

KÜRBISSE IM HERBST

Ein zählendes Gedicht

Ein Kürbis liegt hier ganz allein,
flach, rund, weiß und ziemlich klein.
(Baby Boo)

Der zweite Kürbis wirkt ganz kühn,
längs gerippt und dunkelgrün.
(Eichelkürbis)

An dritter Stelle, wer hätt's gedacht,
hat es sich der gelbe Kürbis bequem gemacht.
(Spaghettikürbis)

Der vierte passt in keine Tasche,
ist so lang wie eine Flasche.
(Flaschenkürbis)

Den fünften kennt die ganze Gruppe,
den essen wir öfter als Suppe.
(Hokkaido-Kürbis)

MATERIAL

Bildkarten der verschiedenen Kürbisarten

Und so geht's:

Sagen Sie das Gedicht auf und legen Sie bei jedem Kürbis die passende Bildkarte in die Kreismitte.

Tipp

Legen Sie echte Kürbisse nebeneinander und decken Sie jeden mit einem Tuch ab. Während des Erzählens können Sie das jeweilige Tuch entfernen.

DER IGEL UND DER FUCHS

Eine freundschaftliche Geschichte

Alter: ab 2 Jahren

Es ist ein wunderschöner Herbsttag. Der Himmel ist blau, die Sonne scheint und überall im Wald liegt buntes Laub auf dem Boden.

Der Igel kriecht aus seinem Versteck hervor: „Oh, wie schön, ich möchte in den Laubhaufen hüpfen!" Er kriecht um den ganzen Haufen herum, um eine geeignete Stelle zum Reinhüpfen zu finden. Aber seine Beinchen sind einfach viel zu kurz, er kann kaum über die Blätter schauen.

Plötzlich kommt ein Fuchs vorbei und lächelt den Igel an: „Hey Igel, warum guckst du so traurig?"

„Ich möchte so gerne in den Laubhaufen springen, aber ich finde keine Stelle, von der ich hüpfen kann!", antwortet der Igel betrübt.

„Das macht bestimmt Spaß!“, sagt der Fuchs. „Komm, ich helfe dir und dann springen wir gemeinsam in den Laubhaufen!“ Der schlaue Fuchs hatte auch schon eine Idee! Gemeinsam sammeln die beiden überall in der Umgebung Rindenstücke und legen sie so an- und übereinander, dass eine Treppe entsteht.

„Los, probiere es aus und krabble die Treppe hoch!“, ermutigt der Fuchs den Igel. Dieser steigt Stufe um Stufe nach oben. Als er oben angekommen ist, ruft er dem Fuchs zu: „Ich zähle bis drei, dann springen wir gleichzeitig in den Blätterhaufen! Eins, zwei, drei!“

Die zwei Freunde lachen und springen in den Laubhaufen. Und weil es ihnen so viel Freude bereitet, springen sie immer wieder gemeinsam in die knisternden Blätter.

Und so geht's:

Bauen Sie aus dem Herbstlaub einen Blätterhaufen. Verteilen Sie die Rindenstücke großzügig um den Haufen herum und spielen Sie dann mit den beiden Tierfiguren die Geschichte nach. Das gemeinsame Zählen und Springen von Igel und Fuchs können Sie beliebig oft wiederholen.

MATERIAL

Herbstlaub, Rindenstücke, 1 Igelfigur, 1 Fuchsfigur

DER KLEINE GEIST

Ein schauriges Gedicht

MATERIAL

1 Tüte, 2 gleiche Geister-figuren, 1 Umschlag, Klettband

In dieser Tüte wohnt ein Geist,
der Timothy mit Namen heißt.
Sei vorsichtig, Timothy ist frech und dreist,
auch einfach in dein Frühstück beißt!
Er kreist,er reist
und schmeißt alles hin –
und zack, ist er wieder in der Tüte drin!
Ramberzamber,
die Tüte wackelt hin und her!

Timothy, was soll dieser Groll?
Komm wieder raus und sei friedvoll!
Die Tüte zappelt und wackelt immer
schneller hin und her,
wir öffnen die Tüte – doch sie ist leer!
Wir drehen die Tüte und schaut, wer dort
sitzt:
„Liebe Kinder, das war nur ein Witz."
Nun sehe ich Timothy und euch lachen,
was macht der kleine Geist nur für Sachen!

Und so geht's:

Befestigen Sie eine der Geisterfiguren mit etwas Klettband auf der Rückseite der Tüte. Kleben Sie einen weißen Umschlag in das Innere der Tüte, sodass der Rand der Tüte die Kante des Umschlags überdeckt. Bewegen Sie die andere Geisterfigur während des Erzählens und lassen Sie sie dann in den Umschlag in der Tüte verschwinden. Drehen Sie dann die Tüte und lassen Sie den zweiten Geist zum Vorschein kommen!

SONNENUNTERGANG

Ein farbenfrohes Erzähltheater

Alter: ab 2 Jahren

MATERIAL

Erzähltheater, Papier, Flüssigfarben, 1 Sonne, 1 Wäscheklammer, Schere, Klebstoff

Im Herbst können wir die schönsten Sonnenuntergänge sehen.
Zuerst ist der Himmel noch blau und die Sonne steht weit oben.
Dann mischt sich ein leichtes Lila mit in das Blau und die Sonne wandert ein Stück weiter nach unten.
Nach einiger Zeit verfärbt sich der Himmel auch noch rot und die Sonne rückt noch weiter nach unten.
Je tiefer die Sonne wandert, desto mehr leuchtet der Himmel.
Kurz bevor die Sonne endgültig untergeht, erstrahlt der Himmel in Blau, Lila, Rot, Orange und Gelb.

Und so geht's:

Stellen Sie zunächst die Erzählkarten her: Nehmen Sie dafür das Papier oder einen Tonkarton und malen Sie jedes Blatt in den verschiedenen Farben des Sonnenuntergangs an (Blau, Blau-Lila, Blau-Lila-Rot, Blau-Lila-Rot-Orange, Blau-Lila-Rot-Orange-Gelb). Basteln Sie dann eine Sonne, an deren Rückseite Sie die Wäscheklammer kleben – die Sonne sollte einfach am Rand des Erzähltheaters bewegt und befestigt werden können. Während auf den Erzählkarten im Laufe der Geschichte immer mehr Farben sichtbar werden, klemmen Sie die Sonne an der Seite des Erzähltheaters immer tiefer am Rahmen fest.

Tipp

Als Alternative zu dem Erzähltheater können Sie Chiffontüchern in den entsprechenden Farben auf den Boden legen und eine (gebastelte) Sonne dabei immer weiter nach unten bewegen.

WAS PASSIERT IM HERBST?

Alter: ab 2,5 Jahren

Eine rätselhafte Geschichte

MATERIAL

Bildkarten (Pullover, Hose, Jacke, Äpfel, Birnen, Pflaumen, Laterne, Kürbisse, Eichhörnchen)

Heute beginnt der Herbst. Der Herbst ist eine von vier Jahreszeiten und kommt nach dem Sommer. Was macht den Herbst so besonders?

Die Blätter an den Bäumen färben sich gelb, rot und braun. Wir ziehen wieder einen leichten **Pullover**, **lange Hosen** und eine dünne **Jacke** an.

Was verändert sich noch? Gemüse wird geerntet. Auf vielen Feldern holen die Bauern nun die Ernte ein. Neben dem Gemüse wird auch viel Obst geerntet. **Äpfel**, **Birnen**, **Pflaumen** und Co. werden von den Bäumen gepflückt und haltbar gemacht.

Da nun so viele Früchte reif werden, feiern wir das Erntedankfest. Wir basteln **Laternen** und schnitzen **Kürbisse**.

Und überall in der Natur bereiten sich die ersten Tiere auf ihren Winterschlaf vor und sammeln reichlich Futter. **Eichhörnchen** sammeln zum Beispiel die Nüsse vom Baum und vergraben sie an verschiedenen Stellen in der Erde, um sie im Winter wieder auszugraben und zu essen.

Tipp

Bieten Sie zusätzlich einen Korb mit Gegenständen an, die den Herbst noch greifbarer machen, wie beispielsweise Kastanien, Laub, Igelfiguren, Kürbisse und Laternen.

Und so geht's:

Halten Sie die Bildkarten beim Erzählen in der Hand. Legen Sie dann den jeweils im Text erwähnten Gegenstand als Bildkarte in die Mitte auf den Boden.

WIE RIECHT DER HERBST?

Eine sinnliche Duftgeschichte

Heute wollen wir herausfinden, wie der Herbst riecht!

Der Herbst ist eine von vier Jahreszeiten und kommt nach dem Sommer. Wer von euch weiß, wie der Herbst riecht?

Im Wald und auch auf den Wiesen findet man jetzt sehr viel Moos. Moos riecht erdig, modrig und feucht.

Auch viele Pilze sind nun erntereif. Sie riechen sehr verschieden, manche duften nach gesägtem Holz und andere riechen sogar fruchtig.

Besonders im Wald können wir auch das Laub von den Bäumen riechen.

Kastanien und andere Nüsse gehören ebenfalls zum Herbst dazu. Kannst du riechen, wie sie duften?

Einige Bäume werfen jetzt auch ihre Baumrinde ab, auch die duftet nach Wald und riecht etwas modrig.

Der Herbst ist eine besondere Jahreszeit und es gibt so viele tolle Gerüche zu entdecken!

MATERIAL

abgedeckte Gefäße,
Moos, Pilze, Laub,
Kastanien, Baumrinde

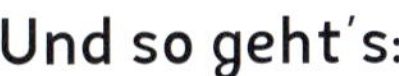

Und so geht's:

Idealerweise erzählen Sie die Geschichte draußen, wo die Gerüche von den Kindern noch bewusster wahrgenommen werden können. Sie können die Gerüche aber auch einzeln in abgedeckten Gefäßen anbieten und diese passend zur Geschichte aufmachen und die Kinder daran schnuppern lassen.

Winter

DER POLARFUCHS MÖCHTE HELLER SEIN

Eine zauberhafte Geschichte

Alter: ab 1,5 Jahren

MATERIAL

1 Erzählsäckchen, 1 dunkle Polarfuchsfigur, 1 helle Polarfuchsfigur

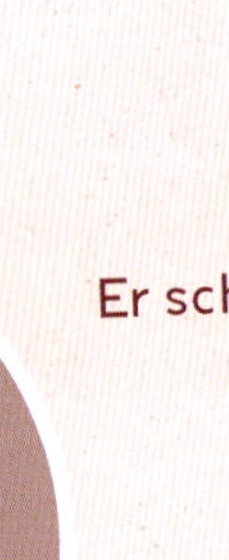

Ein Polarfuchs hat dunkles Fell,
er wünscht sich, er wäre hell.
Er schleicht auf der Schneedecke hin und her
und kreuz und quer.

„Hier im Land aus Schnee und Eis
brauche ich ein Fell in Weiß.
Drum möchte ich gern heller sein
und schleiche in das Zaubersäckchen rein."

Das Säckchen, das rappelt und zappelt und hört plötzlich auf.
Und schon kommt ein weißer Polarfuchs heraus.
Er schleicht auf der Schneedecke hin und her
und kreuz und quer.
„Nun kann mich keiner im Eis mehr seh'n
und ich kann in Ruhe durch die Wälder gehen!"

Und so geht's:

Verstecken Sie die helle Polarfuchsfigur im Erzählsäckchen, während Sie mit der dunklen Figur die Zaubergeschichte beginnen und sie entsprechend des Textes bewegen. Im Laufe der Geschichte wandert die dunkle Polarfuchsfigur in das Säckchen, welches Sie daraufhin rütteln und schütteln. Nach dem Zauber holen Sie die helle Polarfuchsfigur aus dem Erzählsäckchen und spielen mit ihr den Rest der Geschichte nach.

FÜNF SCHNEEFLOCKEN

Ein freudiges Gedicht

Fünf Schneeflocken wollen die schönsten sein,
glitzern im hellen Mondesschein.

Vier Schneeflocken tanzen auf und ab,
da macht plötzlich eine schlapp.

Drei Schneeflocken wiegen im Wind hin und her,
eine weht es kreuz und quer.

Zwei Schneeflocken sind prächtig und glamourös,
da wird eine von ihnen nervös.

Eine Schneeflocke ist nun ganz allein,
möchte aber nicht einsam sein:
„Meine Freunde, kommt wieder raus,
nur gemeinsam sehen wir wunderschön aus!"

MATERIAL

Papier, Tonkarton, Schere, Klebestift

Und so geht's:

Schneiden Sie mit der Schere fünf kleine Schneeflocken aus dem Papier aus. Den Tonkarton schneiden Sie in fünf schmale Streifen und drehen diese zu Ringen zusammen. Auf jeden Ring kleben Sie eine Schneeflocke. Nach dem Trocknen können Sie einen Ring auf jeden Finger stecken und die Geschichte erzählen.

GLITZERFROST

Ein schimmerndes Gedicht

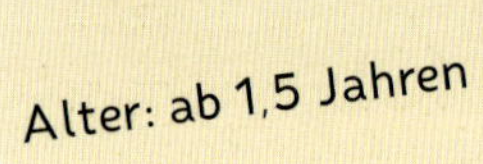

Alter: ab 1,5 Jahren

Der Wind braust über Wiese und Feld,
bringt Kälte und Eis in die Welt.
Pusten.

Am Wegesrand biegen sich Gräser und Blätter,
sie zappeln herum im Wind und bei Wetter.

Und pustet der Eiswind einmal ganz fest,
sind sie umhüllt von Glitzer jetzt.
Einmal kräftig pusten.

In der Morgensonne dann
fängt es rasch zu tauen an.
Das Glitzer verschwindet, doch oh, welch Glück,
am nächsten Morgen kehrt es wieder zurück.

MATERIAL

Bildkarten (Ast, nasser Ast, vereister Ast)

Und so geht's:

Zeigen Sie den Kindern die Bildkarten des Astes und ahmen Sie den Wind nach. Zusätzlich können Sie auch einen Glockenstab zum Einsatz bringen.

WENN DAS MURMELTIER SCHLAFEN GEHT

Ein müdes Gedicht

Alter: ab 1,5 Jahren

MATERIAL

braunes Kunstlaub, Kuscheldecke

Das Murmeltier ist müde, ach!
Ganz matt sitzt es am Baum, ist kaum noch wach.
Gähnen, die Augen reiben.

Es reißt weit seine Augen auf
und schüttelt Arme und Beine aus.
Im Sitzen die Arme und Beine ausschütteln.

Es gähnt laut, jetzt wird es wirklich Zeit,
der kalte Winter ist nicht mehr weit.
Laut gähnen und umhergucken.

Dort vorne habe ich etwas entdeckt,
ob das Laub eine Höhle abdeckt?
Laub zur Seite schieben.

Hurra, eine Höhle! Es kuschelt sich hinein,
das wird sein Schlafplatz für den Winter sein.
Auf die Decke legen, einkuscheln und schnarchen.

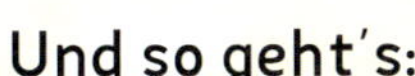

Und so geht's:

Legen Sie das Laub auf die Kuscheldecke und lesen Sie anschließend den Kindern die Geschichte vor. Wenn das Murmeltier das Laub entdeckt, gehen alle Kinder zum Laubhaufen und schieben es zur Seite. Danach können Sie sich gemeinsam auf der Decke einkuscheln.

DER SCHNEEMANN

Eine aufregende Geschichte

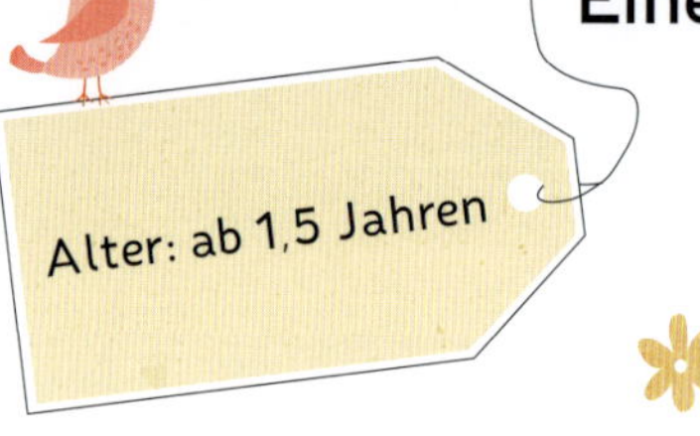

Ich habe gehört, dass man sich von der
Zaubertüte etwas wünschen kann!
Deshalb wünsche ich mir
einen Schneemann.

Drei unterschiedlich große Bälle aus
Schnee, schau mal hin, Schnee salabim.

Eine Handvoll Steine darf auch nicht feh-
len, schau mal hin, Stein salabim.

Eine Möhre kommt auch noch hinzu, schau
mal hin, Möhre salabim.

Der Hut kommt ebenfalls hinzu,
schau mal hin, Hut salabim.

Zum Schluss ein Schal, damit er auch
nicht friert, schau mal hin, Schal salabim.

Die Tüte, sie bebt auf und ab,
was meint ihr, haben wir Glück gehabt?

Ich strecke meine Hand hinein,
zu sehen wird ein Schneemann sein!

MATERIAL

1 Tüte, Tonkarton (schwarz, weiß, grau, rot und orange), 1 Schere, 1 Klebestift

Und so geht's:

Schneiden Sie vom Tonkarton jeweils zweimal drei weiße Kreise für den Schneemannkörper, vier graue Punkte für die Jackenknöpfe, eine orangene Nase, einen schwarzen Hut und einen roten Schal aus. Kleben Sie die Materialien zu einem Schneemann zusammen und legen Sie die restlichen Materialien neben sich. Den fertigen Schneemann geben Sie in die Tüte. In der entsprechenden Zeile der Geschichte geben Sie die einzelnen Materialien in die Tüte. Beim Zauberspruch wiegen Sie die Tüte hin und her. Am Ende holen Sie den Schneemann aus der Tüte hervor.

Rezept: Schneemann-Plätzchen

ZUTATEN: 1500 g Mehl, 400 g Puderzucker, 1000 g Butter

Alle Zutaten zu einem Teig kneten und 30 Minuten kaltstellen. Den Teig ausrollen und mit drei Gläsern oder runden Dosen mit unterschiedlichem Durchmesser ausstechen. Ein Blech mit Backpapier auslegen und jeweils drei Teigkreise leicht überlappend zum Schneemann hinlegen. Bei 200 Grad sechs bis zehn Minuten backen. Die Schneemänner auf einem Gitter auskühlen lassen.

AN DIE TÖPFE, FERTIG, LOS!

Alter: ab 1,5 Jahren

Eine leckere Klanggeschichte

MATERIAL

Klangstäbe, Rasseln, großer Topf, Gemüse, Kochlöffel

Nun ist es kalt seit vielen Wochen,
wir wollen einen warmen Eintopf kochen.
Die Klangstäbe anschlagen.

Fünf Kartoffeln,
Rasseln.
vier Möhren,
Rasseln.
drei Zwiebeln
Rasseln.
zwei Knoblauchzehen
Rasseln.
und ein Stück Sellerie kommen in den Topf hinein.
Rasseln.

Gut umrühren und köcheln lassen,
danach genießen wir den Eintopf in großen Suppentassen.
Klangstäbe und Rasseln gleichzeitig spielen.

Tipp

Statt echtem Gemüse können Sie auch laminierte Fotos im A3-Format verwenden, die die Kinder betrachten können.

SCHNEEBALL-SCHLACHT

Eine winterliche Geschichte

MATERIAL

2 Kinderfiguren, 2 Körbchen, weiße Pompons, weißes Tuch

Wenn überall Schnee liegt, machen Edin und Jasmina am liebsten eine Schneeballschlacht.

Jeder von ihnen bekommt einen Eimer voller Schneebälle.

Dann laufen sie über die schneebedeckte Wiese und versuchen, die Schneebälle hoch und weit zu werfen.

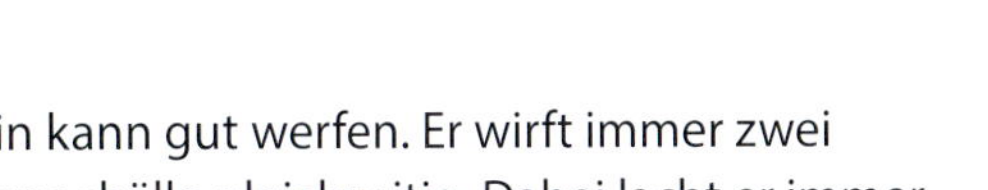

Edin kann gut werfen. Er wirft immer zwei Schneebälle gleichzeitig. Dabei lacht er immer laut vor Freude.

Jasmina wirft lieber immer nur einen Ball. Der fliegt richtig weit und macht ein lustiges Geräusch, wenn er auf den Boden platscht.

Es dauert nicht lange und es kommen weitere Kinder dazu, die gerne mitspielen möchten.

Nun spielen alle zusammen im Schnee und werfen Schneebälle umher.

Und so geht's:

Legen Sie das weiße Tuch als schneebedeckte Wiese in die Kreismitte, die weißen Pompons stellen die Schneebälle dar. Spielen Sie dann mit den Kinderfiguren die Geschichte nach.

WUNDERVOLLE ZEIT

Ein weihnachtliches Gedicht

Alter: ab 2,5 Jahren

Wenn Kinder auf den Weihnachtsmarkt gehen,
kannst du Kinder mit leuchtenden Augen sehen.
Die Augen mit den Händen bedecken,
dann wegnehmen und die Augen weit aufreißen.

Wenn Kinder fröhlich Weihnachtlieder singen,
siehst du Kinder im Takt springen.
Springen.

Wenn Kinder ihre Nase in die Luft strecken,
siehst du, wie sie sich über den Mund lecken.
Die Nase in die Luft strecken,
dann mit der Zunge über den Mund lecken.

Wenn Kinder auf dem Karussell lachen,
siehst du sie noch andere schöne Dinge machen.
Im Kreis laufen.

Wenn es zu Weihnachten noch schneit,
beginnt sie, die wundervolle Zeit!
Mit den Armen den eigenen Körper umarmen.

KERZEN AM FENSTER

Ein leuchtendes Gedicht

MATERIAL

gebastelte Kerzen

Unser Fenster soll weihnachtlich sein,
erstrahlen voller Kerzenschein.

Jedes Kind soll eine Kerze bringen
und sie zur Dekoration ans Fenster pinnen.

Jedes Kind bringt seine Kerze ans Fenster,
sie wird betrachtet und aufgehangen.

Ach, schaut, wie sieht das Fenster aus,
ein leuchtend buntes Kerzenhaus.

Tipp

Lassen Sie jedes Kind ein Blatt Papier anmalen oder bestempeln. Nach dem Trocknen können Sie das Papier mit etwas neutralem Öl bestreichen und überschüssiges Öl mit einem Küchenpapier aufsaugen – so wird die Kerze durchsichtig. Zum Fixieren auf der Fensterscheibe eignet sich ein normaler Klebestift.

Und so geht's:

Jedes Kind bekommt eine gebastelte Kerze. Während des Gedichts können die Kinder ihre Kerze an das Fenster anbringen.

WINTERSPAZIERGANG

Eine aufmerksame Geschichte

Bei einem Spaziergang im Winter können wir ganz großartige Sachen hören, wenn wir unsere Ohren spitzen.

Unsere Schritte, ganz langsam im Schnee.

Nun gehen wir etwas schneller.

Wir bleiben auf der Stelle stehen und stampfen mit den Füßen auf.

Nun laufen wir schnell wie der Wind durch den Schnee.

Zum Schluss werden wir immer langsamer, bis wir schließlich stehen bleiben und es wieder ganz still geworden ist.

MATERIAL

Zeitungspapier

Und so geht's:

Achten Sie darauf, dass die Umgebung möglichst ruhig ist. Kinder, die sich das zutrauen, können ihre Augen auch schließen. Drücken Sie für die Schritte eine große Kugel aus Zeitungspapier zusammen. Je nachdem wie stark und schnell Sie die Zeitungskugel drücken, können Sie den Klang der Schritte in der Geschichte hörbar machen.

SPIELEABEND IM HASENBAU

Eine gemütliche Geschichte

MATERIAL

3 Hasenfiguren,
1 Kartenspiel,
3 Tassen, 1 Brot

Heute ist es sehr kalt draußen und ein frostiger Wind weht durch den Winterwald.

Deshalb haben die drei Hasenfreunde beschlossen, einen Spieleabend im Bau zu machen.

Der erste Hase bereitet einen warmen Kakao für alle zu.

Der zweite Hase bringt verschiedene Spiele mit, die er auf den Boden legt.

Der dritte Hase backt ein duftendes Möhrenbrot.

So sitzen die drei Freunde zusammen, schlürfen Kakao, spielen Karten und essen leckeres Möhrenbrot.

Und so geht's:

Zeigen Sie den Kindern die drei Hasenfiguren. Jede Figur stellen Sie im Laufe der Geschichte zu seinem Gegenstand (Kartenspiel, Brot, Tasse). Am Ende der Geschichte sitzen alle zusammen und teilen ihre Gegenstände miteinander.

POLARLICHTER

Eine farbenprächtige Klanggeschichte

Alter: ab 2,5 Jahren

MATERIAL

5 verschiedene Instrumente

Hoch oben am Himmel kannst du sie sehen:
Lichter, die über die Landschaft ziehen.
Das **Gelb** leuchtet wunderschön in dunkler Nacht.
Das **Orange** bringt den Himmel zum Strahlen.
Rote Lichter lassen den Horizont warm aussehen.
Violette Polarlichter sind besonders schön.
Blaue Polarlichter sind rar und kommen selten vor.

Und so geht's:

Jedes Instrument wird einer Farbe zugeteilt und ertönt, sobald die Farbe in der Geschichte erwähnt wird.

DIE LEBKUCHENMAUS IM LEBKUCHENHAUS

Ein süßes Gedicht

MATERIAL

1 verzierter Karton,
1 Mausfigur

In einem Lebkuchenhaus
wohnt eine Lebkuchenmaus.

Die Maus hat immer viel zu tun
und keine Zeit, sich auszuruh'n.

Und steht das Weihnachtsfest bevor,
hat sie nur eine Melodie in ihrem Ohr.
Aktuelles Lied singen.

So schön könnt ihr Kinder singen,
da möchte die Maus vor Freude springen.

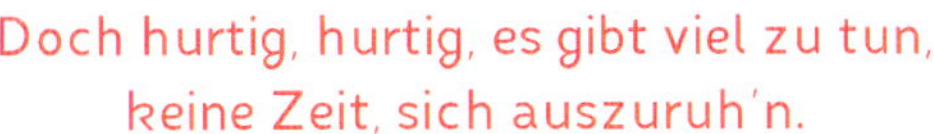

Doch hurtig, hurtig, es gibt viel zu tun,
keine Zeit, sich auszuruh'n.

Drum wünscht die Maus euch kleinen Leut
einen wunderschönen Tag heut.

Und so geht's:

Beginnen Sie den Morgenkreis mit der Lebkuchenmaus und singen Sie mittendrin das Lied oder die Lieder, die gerade in Ihrer Gruppe aktuell sind.

WAS PASSIERT IM WINTER?

Alter: ab 2,5 Jahren

Eine rätselhafte Geschichte

Heute beginnt der Winter. Der Winter ist eine von vier Jahreszeiten und kommt nach dem Herbst. Was macht den Winter so besonders?

Die meisten Bäume haben keine Blätter mehr. Nur **Nadelbäume** sind weiterhin grün.

Was verändert sich noch? Der Boden ist gefroren, kalt und hart. Wenn wir rausgehen, ziehen wir uns richtig warm an. Oft brauchen wir auch einen **Schal**, **Handschuhe** und eine **Mütze**, damit wir nicht frieren.

Die Sonne ist nicht mehr so stark und es ist generell viel dunkler als in den anderen Jahreszeiten.

Wenn wir draußen sind und unseren Atem auspusten, können wir oft eine Wolke sehen, das ist lustig und macht Spaß.

Wenn es schneit, können wir die **Schneeflocken** mit der Zunge fangen. Und wenn richtig viel Schnee liegt, können wir einen schönen **Schneemann** bauen.

MATERIAL

Bildkarten (Nadelbäume, Schal, Handschuhe, Mütze, Schneeflocken, Schneemann, Lichterketten, Plätzchen)

Wir basteln und malen jetzt mehr, überall werden Geschäfte, Vorgärten und Parks winterlich geschmückt. Sobald es dunkel wird, kann man an den Häusern viele **Lichterketten** entdecken, manche Häuser leuchten hell und sind schön anzusehen.

Der Winter ist auch die Zeit, wo wir am häufigsten **Plätzchen** backen. Dann können wir den Teig kneten, ausrollen und ausstechen. Nach dem Backen dekorieren wir die Plätzchen auch oder essen sie auf, wenn sie noch schön warm.

Tipp

Bieten Sie zusätzlich einen Korb mit Gegenständen an, die den Winter noch greifbarer machen, wie beispielsweise Kerzen, Keksausstecher, Schal, Handschuhe oder Baumschmuck.

Und so geht's:

Halten Sie die Bildkarten beim Erzählen in der Hand. Legen Sie dann den jeweils im Text erwähnten Gegenstand als Bildkarte in die Mitte auf den Boden.

WIE RIECHT DER WINTER?

Eine sinnliche Duftgeschichte

MATERIAL

abgedeckte Gefäße, nasses Holz, Zimt, Anis, Pfeffer, Orange, Nadelbaumzweig

Heute wollen wir herausfinden, wie der Winter riecht!

Der Winter ist eine von vier Jahreszeiten und kommt nach dem Herbst. Wer von euch weiß, wie der Winter riecht?

Im Winter nehmen wir deutlich weniger Gerüche wahr als in den anderen Jahreszeiten. Weil es so kalt ist, verringern sich die Duftstoffe in der Luft.

Manchmal riechen wir nasses Holz. Das hat oft einen muffigen Geruch.

Viele Gewürze wie Zimt, Anis und Pfeffer riechen wir viel häufiger. Einer der bekanntesten Gerüche im Winter ist die Orange. Sie duftet fruchtig und leicht nach Zitrone.

Ein weiterer Duft, den wir sofort erkennen, ist der Geruch von Nadelbäumen. Die verschiedenen Tannenarten verbreiten den typisch winterlichen Duft und zaubern eine tolle Atmosphäre.

Der Winter ist eine besondere Jahreszeit und es gibt so viele tolle Gerüche zu entdecken!

Und so geht's:

Idealerweise erzählen Sie die Geschichte draußen, wo die Gerüche von den Kindern noch bewusster wahrgenommen werden können. Sie können die Gerüche aber auch einzeln in abgedeckten Gefäßen anbieten und diese passend zur Geschichte aufmachen und die Kinder daran schnuppern lassen.

In dieser Reihe sind bereits erschienen:

Alle meine Sinne
Die schönsten Wahrnehmungsspiele für Krippenkinder
ISBN: 978-3-96046-087-9

Die besten Bewegungsspiele für Krippenkinder
ISBN: 978-3-96046-088-6

Die schönsten Rituale für Krippenkinder
ISBN: 978-3-96046-172-2

Die schönsten Fingerspiele & Bewegungsreime für Krippenkinder
ISBN: 978-3-96046-090-9

Die schönsten Geschichtensäckchen für Krippenkinder
ISBN: 978-3-96046-207-1

Die schönsten Morgenkreisideen für Krippenkinder
ISBN: 978-3-96046-222-4

Die schönsten Sprachspiele für Krippenkinder
ISBN: 978-3-96046-238-5